BEI GRIN MACHT SICH IHR WISSEN BEZAHLT

AF152252

- Wir veröffentlichen Ihre Hausarbeit,
  Bachelor- und Masterarbeit

- Ihr eigenes eBook und Buch -
  weltweit in allen wichtigen Shops

- Verdienen Sie an jedem Verkauf

Jetzt bei www.GRIN.com hochladen
und kostenlos publizieren

GRIN

Angelika Stopp

Begründung der Sozialarbeitswissenschaft

GRIN Verlag

Bibliografische Information der Deutschen Nationalbibliothek:

Die Deutsche Bibliothek verzeichnet diese Publikation in der Deutschen National-
bibliografie; detaillierte bibliografische Daten sind im Internet über http://dnb.d-
nb.de/ abrufbar.

Dieses Werk sowie alle darin enthaltenen einzelnen Beiträge und Abbildungen
sind urheberrechtlich geschützt. Jede Verwertung, die nicht ausdrücklich vom
Urheberrechtsschutz zugelassen ist, bedarf der vorherigen Zustimmung des Verla-
ges. Das gilt insbesondere für Vervielfältigungen, Bearbeitungen, Übersetzungen,
Mikroverfilmungen, Auswertungen durch Datenbanken und für die Einspeicherung
und Verarbeitung in elektronische Systeme. Alle Rechte, auch die des auszugsweisen
Nachdrucks, der fotomechanischen Wiedergabe (einschließlich Mikrokopie) sowie
der Auswertung durch Datenbanken oder ähnliche Einrichtungen, vorbehalten.

Impressum:

Copyright © 2007 GRIN Verlag GmbH
Druck und Bindung: Books on Demand GmbH, Norderstedt Germany
ISBN: 978-3-640-21579-9

Dieses Buch bei GRIN:

http://www.grin.com/de/e-book/118374/begruendung-der-sozialarbeitswissenschaft

GRIN - Your knowledge has value

Der GRIN Verlag publiziert seit 1998 wissenschaftliche Arbeiten von Studenten, Hochschullehrern und anderen Akademikern als eBook und gedrucktes Buch. Die Verlagswebsite www.grin.com ist die ideale Plattform zur Veröffentlichung von Hausarbeiten, Abschlussarbeiten, wissenschaftlichen Aufsätzen, Dissertationen und Fachbüchern.

Besuchen Sie uns im Internet:

http://www.grin.com/

http://www.facebook.com/grincom

http://www.twitter.com/grin_com

HTW des Saarlandes

Bachelor-Studiengang Soziale Arbeit und Pädagogik der Kindheit

Ausarbeitung des Referates
zum Thema

„Begründung der Sozialarbeitswissenschaft"

vorgelegt von

Angelika Stopp

Seminar: Einführung in die Soziale Arbeit
WS 2007/2008

1. Semester
Abgabetermin: 30.01.2008

Inhaltsverzeichnis

1. Der Autor

Prof. Dr. Peter Erath wurde 1952 in Stuttgart geboren. Nach dem Studium der Allgemeinen Pädagogik und der Sonderpädagogik absolvierte Erath eine Ausbildung zum Sonderschullehrer. Bis zu seiner Promotion zum Doktor der Pädagogik an der PH Reutlingen an der Universität Tübingen arbeitete er mehrere Jahre im Sonderschul- und Frühförderungsbereich. Seit 1988 ist Erath Professor für Pädagogik und Sozialarbeit an der Fakultät für Sozialwesen an der Katholischen Universität Eichstätt. Seit 2003 ist er zudem Privatdozent an einer finnischen Universität in Kuopio.

2. Einleitung

Peter Erath beschreibt in seinem Buch „Sozialarbeitswissenschaft – Eine Einführung" im ersten Kapitel die „Begründung der Sozialarbeitswissenschaft". Erath unterteilt das erste Kapitel in acht Unterkapitel und beendet das Kapitel mit einer Zusammenfassung.

Erath zeigt den Handlungsgegenstand der wissenschaftlichen Disziplin Sozialarbeitswissenschaft auf und geht dabei insbesondere auf die Suche nach einer Metatheorie ein. Hierzu stellt Erath fest, dass sich die Einzigartigkeit der Sozialarbeitswissenschaft auf die „Analyse und Reflexion von Gesellschaft und damit verbundener (psycho-)sozialer Probleme hinsichtlich ihrer Entstehung, Vermeidung, Behebung und ihrer professionellen Bearbeitung" (Erath 2006, S. 25) bezieht. Infolge dessen sieht Erath Sozialarbeitswissenschaftliches Denken und das daraus abgeleitete Handeln als ein neues Denken und Handeln an, „das sich an einer neu geschaffenen, noch von keiner anderen Disziplin besetzten Perspektive orientiert." (Erath 2006, S. 25)

Um die Einflüsse der vier Bezugsdisziplinen Soziologie, Psychologie, Sozialpädagogik und der Politikwissenschaften darzulegen, beschreibt er ihre Einflüsse auf die Sozialarbeitswissenschaft, zeigt aber auch auf, wie diese sich von den Bezugsdisziplinen abgrenzt.

Erath zeigt anhand von drei Theorien über die Interdisziplinarität der Sozialarbeitswissenschaft auf, dass diese Probleme birgt, wie beispielsweise die drohende Vereinnahmung durch andere Wissenschaften, oder das Nichtzusammenpassen der Ergebnisse der verschiedenen Wissenschaften. Erath zeigt auch die Problematik auf, dass die Ergebnisse der Bezugsdisziplinen und anderer Disziplinen der Fragestellung der Sozialarbeitswissenschaft nicht gerecht werden, so dass sie weiterentwickelt werden müssten.

3. Die Sozialarbeitswissenschaft als Transdisziplin

These 3:

„Die Sozialarbeitswissenschaft ist eine Transdisziplin mit eigenen Fragestellungen und Handlungsfeldern, die jedoch eng mit anderen Wissenschaften, insbesondere ihren Bezugsdisziplinen, vernetzt ist."

3.1. Die Soziologie (vgl. Erath 2006, S. 26/27)

Soydan geht davon aus, dass die Wurzel der sozialarbeiterischen Denkweisen auf den Sozialanalysen des 18. Jahrhunderts beruhe und in Folge dieser Analysen Verbesserungen der Prognosen innerhalb des 19. Jahrhunderts angestrebt wurden. Die Lebensbedingungen der Menschen sollten verbessert, und Probleme gelindert werden.

Die Soziologie liefert somit wissenschaftliche Erklärungsansätze für die Soziale Arbeit um „krankhafte soziale Bedingungen" zu verändern. (Erath 2006, S. 26)

Diese „krankhaften sozialen Bedingungen" sollten mithilfe von „agents of change" verbessert werden. Als Grundlage hierfür sieht Erath die These der Soziologen, dass „der Mensch fähig ist Sympathie und Empathie mit anderen Menschen zu empfinden". (Erath 2006, S. 26)

Saint-Simon ist der Auffassung, dass soziale Probleme verhindert oder überwunden werden können, wenn es wissenschaftliche bzw. soziologische Erklärungsansätze aufgrund der Erforschung der Gesellschaft über deren Probleme gäbe.

Soydan analysierte das Werk von Saint-Simon und hält seine Erklärungsansätze für empirisch evident, „da sich seiner Ansicht nach die Entwicklung des schwedischen Wohlfahrtsstaats genau gemäß dieser Denkrichtung vollzogen hat." (Erath 2006, S. 27)

So versuche Schweden seit den 1930er und 1940er Jahren soziale Probleme mithilfe von Wissenschaft und rationaler Planung zu lösen, seit den 1970er Jahren sei dann der konsequente Ausbau des Systems an Hilfen durch die Sozialarbeit erfolgt. (Erath 2006, S. 27)

In Schweden sei ab den 1970er Jahren die Sozialarbeit, die Sozialplanung und die Sozialanalyse zu unverzichtbaren Partnern „im Kampf um die Verbesserung der sozialen Sicherheit" geworden. (Soydan 1999 zitiert nach Erath 2006, S. 27)

Zusammenfassung

Die Soziologie untersucht wissenschaftlich die gesellschaftlichen Bedingungen und liefert somit der Sozialen Arbeit Modelle und Erklärungsansätze gesellschaftlicher

Probleme. Die Soziale Arbeit kann aufgrund der Erklärungsansätze der Soziologen Erklärungen ableiten, wie „die Menschheit soziale Probleme verhindern bzw. überwinden kann". (Erath 2006, S. 27)

Der Schwedische Wohlfahrtsstaat dient mit seiner rationalen Planung auf wissenschaftlicher Grundlage für Soydan als Beweis, dass die These von Saint-Simon richtig ist, dass soziale Probleme aufgrund dieser Planung und der Gesellschaftsanalyse behoben werden könnten.

3.2. Die Psychologie (Erath 2006, S. 27-29)

„Die Psychologie kennt die individuellen Ursachen für soziale Probleme aus ihrer eigenen Anwendungspraxis und verfügt über Methoden zur Bearbeitung dieser." (Erath 2006, S. 29)

Mary Richmond hält nicht die Gesellschaft, sondern das Individuum als verantwortlich für die Entstehung sozialer Probleme. (Erath 2006, S.27/28)
Durch den Standpunkt von Mary Richmond rückte die Sozialarbeitswissenschaft in die Nähe der Psychologie und bekam somit einen viel stärkeren „Praxis- und Methodenbezug." (Erath 2006, S. 28)

Abbildung: (Erath, 2006, S. 28)

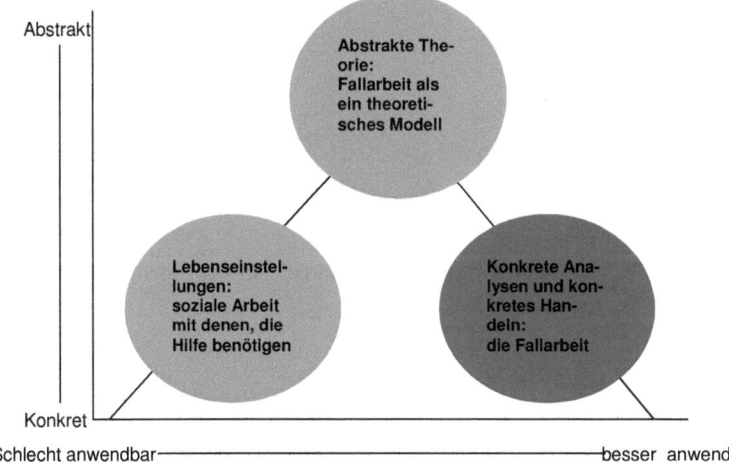

Weitere Zugänge zur Psychologie ergaben sich in den Vereinigten Staaten von Amerika im 20. Jahrhundert durch die so genannten „Charity Organisations.", insbesondere durch die Kinder und Jugendarbeit. (vgl. Erath 2006, S. 28)

Der Sozialarbeiter rückte mit der Einrichtung psychoanalytischer Schulen in die Rolle des Helfers, der an der Seite seines Klienten steht und mit ihm nach Lösungen sucht. (vgl. Erath 2006, S. 28)

Heute haben die kommunikationstheoretischen und systemischen Ansätze der 80er und 90er Jahre einen großen Einfluss auf die Soziale Arbeit. (vgl. Erath 2006, S. 28/29)

Zusammenfassung

Die soziale Arbeit benötigt die durch die Wissenschaftslehre der Psychologie gewonnenen Erklärungstheorien und Handlungsmodelle der Einzelfälle, auch wenn nicht ausgeschlossen werden kann, dass die Probleme des Individuums sozial oder strukturell verursacht wurden.

Die Psychologie liefert somit der sozialen Arbeit die Erklärungstheorien und Handlungsmodelle zur Bearbeitung sozialer Probleme. (Erath 2006, S. 28/29)

3.3. Die (Sozial-)Pädagogik (Erath 2006, S. 29-31)

Erath stellt in dem Kapitel „Begründung der Sozialarbeitswissenschaft" vier mögliche Folgerungen von Einflüssen der (Sozial-)Pädagogik auf die Sozialarbeitswissenschaft vor:

3.3.1 phänomenologisch

Die mit sozialer Arbeit verbundene Reflexion wird bis heute weitestgehend der Universitären Sozialpädagogik zugewiesen.

Gründe: „Blickt man von der Praxis zur Theorie, lässt sich tatsächlich oftmals kaum mehr unterscheiden, was im Rahmen eines sozialarbeiterischen Prozesses konkret geschieht, d.h. ob unterstützt, angeregt, beraten, betreut, erzogen oder gebildet wird." (Erath 2006, S. 29)

6

3.3.2 wissenschaftshistorisch

Die „Wissenschaft der sozialen Arbeit" ist nach Thiersch aus unterschiedlichen Traditionen zusammengewachsen und findet ihren Zusammenhalt in der Sozialpädagogik. (vgl. Thiersch 1996 zitiert nach Erath 2006 S. 29) Innerhalb dieser Entwicklung habe sich nach Bäumer „ein umfassendes, den Aspekt der Sozialarbeit umschließendes Sozialpädagogisches Selbstverständnis" (Erath 2006 S. 29) herausgebildet.

Folgen: Die Sozialpädagogik wird nicht mehr als Teildisziplin der allgemeinen Pädagogik definiert, sondern als eine sich ihrer Autonomie bewussten Disziplin. (Erath 2006 S. 29)

3.3.3 systematisch

Alle Fragen der Sozialarbeit ließen sich nach Thiersch (Thiersch 1996, S. 9 in E-rath 2006 S. 30) wissenschaftlich gesehen der Sozialpädagogik zuordnen, in der Praxis habe sich der Begriff „Soziale Arbeit" herausgebildet". (Erath 2006, S. 30)

Begründung: Nach Heinrich Roth sind die heutigen Definitionen der zentralen Begriffe der Pädagogik „Bildsamkeit" und „Bestimmung".

Bildsamkeit: „Bildsamkeit ist dann die Frage nach den im historischen, gesellschaftlichen und sozialen Kontext gegebenen Möglichkeiten von Lernen und Wachstum, die Frage nach Ressourcen, über die Menschen verfügen, die verschüttet sind und geweckt werden können." (Thiersch zitiert nach Erath 2006, S. 30)

Bestimmung: „Bestimmung ist die Frage nach den historisch, sozial und gesellschaftlich definierten Zielen eines gelingenderen Lebens im Zeichen der sozialen Gerechtigkeit und der Selbstzuständigkeit als Subjekt in den Verhältnissen." (Thiersch zitiert nach Erath 2006, S. 30) Dieses Grundmuster gelte nach Thiersch nicht nur für die „traditionelle Fokussierung auf Kinder und Heranwachsende" (Erath 2006, S. 30), sondern darüber hinaus auch für alle Menschen, die, gleich welchen Alters, auf Unterstützung und Hilfe zur Lebensbewältigung angewiesen seien. Thiersch sieht Lernen als Hilfe zur Selbständigkeit, unterteilt in „Hilfen zur Erziehung, Bildung,

Beratung, Unterstützung, Pflege und Begleitung und in der Organisation von Ressourcen". (Thiersch zitiert nach Erath 2006, S. 30) Thiersch sieht das sozialpädagogische Handeln als ein Handeln an, dass hauptsächlich Hilfe zur Selbsthilfe offeriert.

Kritik: Thiersch ist sich nach Erath seiner Sache nicht völlig sicher. Thiersch stellt selbst die Frage, ob das „Arbeitsgebiet der Sozialen Arbeit nicht inzwischen den Rahmen der Erziehungswissenschaft und der Sozialpädagogik sprengt". (Erath 2006, S. 30) Thiersch sieht zwar „zur Zeit keine Alternative zu einem universitären Ort der Verhandlung der Sozialen Arbeit als den zur Zeit gegebenen", (Thiersch zitiert nach Erath 2006, S. 30/31) aber auch, dass sich unter bestimmten Umständen „die Verbindung von Pädagogik und Sozialer Arbeit hemmend für die weitere Entwicklung" (Thiersch zitiert nach Erath 2006, S. 30/31) erweisen könne. (vgl. Erath 2006, S. 31)

Auch Fatke und Hornstein (1987) äußern sich kritisch gegenüber dem Verlauf der Entwicklung der Wissenschaft Sozialer Arbeit. Sie gehen davon aus, dass der Sozialarbeitswissenschaft ihre eigene Fragestellung abhanden gekommen sei, somit auch ihr Gegenstand und ihr Grundgedankengang, (W. Flitner) ohne dass die Sozialarbeitswissenschaft einen Neuen entwickelt hätte. Somit könne sie sich nicht mehr von anderen Wissenschaften klar differenzieren. (Erath 2006, S. 31 Anm.)

3.3.4 methodologisch

Methodologisch argumentiert bedürfe es keiner genaueren Unterscheidung zwischen sozialarbeiterischen und pädagogischen Tätigkeiten, da sich all diese Tätigkeiten auf eine Methode beziehen und sie sich alle dieser Methode bedienen: „der des kritischen, herrschaftsfreien Dialoges". (Erath 2006, S. 31)

Thiersch definiert hier Erziehung, Hilfe, Betreuung etc. als „Interaktions- und Kommunikationsprobleme" im Rahmen eines „Aushandelns der Situation". (Thiersch zitiert nach Erath 2006, S. 52)

Nach Thiersch müsse die Soziale Arbeit innerhalb dieser Auffassung „das Prinzip der Unterscheidung, und der elementaren Unterscheidung von wahr und falsch und die Verantwortung für solche Unterscheidungen" bringen. (Thiersch zitiert nach Erath 2006, S. 31)

Nach Erath bliebe aufgrund dieser Begründung die gesamte Soziale Arbeit „auf methodischer und erkenntniskritischer Ebene und auf die Erkenntnismethode der Kritischen Theorie verwiesen." (Erath 2006, S. 31)

Zusammenfassung

Phänomenologisch ist die Soziale Arbeit auf der Ebene der Reflexion stark mit der (Sozial-)Pädagogik verbunden, auf wissenschaftlicher Ebene kann der erzieherische, bildnerische Prozess nicht klar herauskristallisiert werden.

Wissenschaftshistorisch hat sich nach Erath innerhalb der Entwicklung der Sozialen Arbeit ein „umschließendes Sozialpädagogisches Selbstverständnis herausgebildet" (Erath 2006, S. 30)

Systematisch bestimmen die heutigen Definitionen der zentralen Begriffe der Pädagogik „Bildsamkeit" und „Bestimmung" den pädagogischen Einfluss auf die soziale Arbeit, wobei Thiersch auch hinterfragt, ob das Arbeitsgebiet der Sozialen Arbeit inzwischen den Rahmen der Erziehungswissenschaft und der Sozialpädagogik sprengen könne und ob sich die Verbindung von Pädagogik und Sozialer Arbeit sich entwicklungshemmend auswirken könnte. (Thiersch zitiert nach Erath 2006, S. 30)

Der methodologische Aspekt zeigt auf, dass es keiner genaueren Unterscheidung bedarf, da die Methoden, denen sich die Soziale Arbeit und die Pädagogik bedienen, die gleichen sind und zwar die des „kritischen, herrschaftsfreien Dialoges" (Erath 2006, S. 31)

3.4. Die Politikwissenschaft:

„Die Bundesrepublik Deutschland ist ein demokratischer und sozialer Bundesstaat" (Grundgesetz für die BRD, 2006, S. 22)

„Sozialarbeiter dienen [...] ohne eine andere Eigengesetzlichkeit dem „Sozialen", sie arbeiten in der „Intimsphäre des Sozialstaates" (Zacher zitiert nach Erath 2006, S. 32) und "setzen dort die sozialen Ziele um". (Erath, 2006, S. 32)

Der Staat greift nicht nur im rechtlichen Sinne – wie dem Recht für die sozial Schwächeren – oder durch die Umverteilung der ökonomischen Mittel ein, sondern auch in Form von sozialarbeiterischen- und sozialpädagogischen Mitteln. (vgl. Erath, 2006, S. 32)

„Das Soziale ist Auftrag des Grundgesetzes, es ist politische Verpflichtung."

(Franz Müntefering, 01.01. 2007, Bundesministerium für Soziales und Arbeit)

Zu dem politischen Auftrag gehören unter anderem die Sicherung der Rente, Wohngeld, Sozialhilfe, Mutterschutz und der Mindestlohn.

„Es ist die Aufgabe der Sozialarbeit, dienstleistende Interventionen für den Sozialstaat zu erbringen." (Zacher zitiert nach Erath 2006, S.32)

Nach Zacher gibt es zwei Arten der Intervention, die ein Staat zur Verfügung zu stellen hat:

1. Durch Kompetenzvermittlung durch die Soziale Arbeit gegenüber den Menschen, für die sie Verantwortung tagen oder übernehmen, damit der Betroffene seinen Nachteil selbst mindern oder ausgleichen kann. (vgl. Zacher Zitiert nach Erath 2006, S. 32)

2. Minderung oder Ausgleich von Nachteilen von Betroffenen durch Dienste. (vgl. Zacher Zitiert nach Erath 2006, S. 32)

Die Sozialarbeit habe dann zu entscheiden, ob und wann die beiden „Weisen der Intervention zusammenwirken müssen, um ein Optimum an Kompensation zu leisten". (Zacher zitiert nach Erath 2006, S.32)

Möglicherweise besteht bei der Zuordnung der Sozialarbeitswissenschaft zur Politikwissenschaft die Gefahr der Funktionalisierung. Die nordischen Länder zeigen aber, dass es nicht nur zur Konkurrenz oder einem Dominanzstreben, sondern auch zu einer Zusammenarbeit mit beiderseitigem Vorteil kommen könne. (Erath 2006, S. 32/33)

Zusammenfassung

Die Bundesrepublik Deutschland hat den sozialen Auftrag im Grundgesetz verankert. Die Politik vergibt dienstleistende Interventionsaufträge an die Sozialarbeit um soziale Ungerechtigkeiten zu mindern oder auszugleichen. (vgl. Zacher zitiert nach Erath 2006, S. 32)

3.5. Zusammenfassung der 3. These

Die Soziologie liefert der Sozialarbeitswissenschaft aufgrund ihrer wissenschaftlichen Analysen Probleme und Problemlösungsansätze der Gesellschaft, die der Sozialen Arbeit zur Entwicklung von Problemlösungsansätzen gesellschaftlicher Probleme dienen.

Die Psychologie kennt die individuellen Ursachen von Problemen und liefert der Sozialen Arbeit so Erklärungstheorien und Handlungsmodelle zur Behebung von Problemen der Individuen, auch wenn diese Probleme unter Umständen strukturell oder sozial verursacht wurden.

Die Methoden der Pädagogik werden von der Sozialen Arbeit angewendet, Pädagogik und Soziale Arbeit behandeln die gleiche Fragestellung und die gleichen Methoden, sodass die (Sozial-)Pädagogik und die Soziale Arbeit nicht klar voneinander abgrenzbar sind.

Die Politik kümmert sich um die gerechte Verteilung sozialer Mittel und die Chancengleichheit. Die sozialen Mittel beziehen sich hierbei auf monetäre Hilfen, wie Arbeitslosengeld oder Krankenversicherung, die immateriellen Güter werden mittels der Sozialen Arbeit in Form von Bildung, Erziehung oder Betreuung gegeben.

Somit zeigt Erath, das es eine enge Vernetzung der Sozialen Arbeit mit ihren Bezugsdisziplinen gibt. Ob die Soziale Arbeit über alledem eine eigene Fragestellung und einen eigenen Handlungsgegenstand besitzt, wird nicht abschließend geklärt.

4. Die Interdisziplinarität der Sozialarbeitswissenschaft

These 4:

„Die Soziale Arbeit ist eine Interdisziplin, die die Resultate der Bezugsdisziplinen miteinander austauscht, zusammensetzt oder weiterentwickelt."

Die Sozialarbeitswissenschaft, so Erath, gründe in der Weiterentwicklung der Perspektiven bereits vorhandener Wissenschaften.

Die Sozialarbeitswissenschaft übersteige durch die Handlungs- und Professionstheorien zur Bearbeitung und Vermeidung sozialer Probleme den Horizont der Soziologie, da sie somit über die Entstehungsfragen sozialer Probleme hinausginge. (vgl. Erath 2006, S. 33)

Die psychologische Perspektive der „Intervention in psychische Systeme" (Willke 1987 zitiert nach Erath 2006, S. 33) würde zwar aufgegriffen, müsse aber im Bezug auf den gesellschaftlichen und sozialen Kontext erweitert werden. (vgl. Erath 2006, S. 33)

Im pädagogischen Bereich beschäftige sich die Sozialarbeitswissenschaft zwar mit den „pädagogischen Fragen der Bestimmung und Bildsamkeit des Menschen, ohne aber den Blick für konkrete Problemlösungen und Hilfeformen zu verstellen." (Erath 2006, S. 33)

Im Bereich der (sozial-)politischen Zielsetzungen versuche die Sozialarbeit unkritisch die Zielsetzungen „im Bereich der Exklusionsprobleme strategisch und methodisch umzusetzen". (Erath 2006, S. 33)

Abgesehen von den vier o.g. wichtigen Bezugsdisziplinen werde die Sozialarbeitswissenschaft durch weitere Disziplinen beeinflusst, wie der Ökonomik, der Rechtswissenschaft oder der Verwaltungswissenschaft.

Neben dem Nutzen über die strukturellen Koppelungen hinaus, könne der Austausch zwischen den Wissenschaften zur Steigerung interdisziplinärer Entwicklungen beitragen. Die Gefahr sei hierbei, so Erath, dass junge Wissenschaften durch solche interdisziplinäre Auseinandersetzungen leicht unter starke Beeinflussung geraten könnten und drohen vereinnahmt zu werden. (vgl. Erath 2006, S. 33)

Als Beispiel für diese Vereinnahmung (Kolonialisierung) führt Erath das Beispiel der Debatte der Ökonomisierung auf. Hierbei befürchten einige Vertreter, dass das sozialarbeitswissenschaftliche Denken seine genuine Bestimmung durch die Betrachtung in ökonomischen Kategorien verliere. (Haupert 2002 zitiert nach Erath 2006, S. 33)

Erath führt hierbei Adams Argument auf, dass es im Vereinten Königreich nach der Einführung von Marktkriterien zu einer Managerialisierung gekommen sei. (Erath 2006, S. 33)

Erath zeigt anhand dreier Modelle von Homann und Suchanek (Erath 2006, S. 34), wie die Reseultate anderer Wissenschaften Eingang in eine Disziplin finden könnten:

4.1 Das Modell der Schrebergartenkolonie (Erath 2006, S. 34)

Im Modell der Schrebergartenkolonie bedeutet Interdisziplinarität, dass die „Früchte" der einzelnen Wissenschaften untereinander ausgetauscht werden, sodass alle Wissenschaften untereinander mit ihren Erkenntnissen versorgt werden. Die Einzelergebnisse werden hier zu einem Gesamtbild zusammengetragen, ggf. unter Aufsicht der Grundlagenwissenschaft „Philosophie", „die sich dann gern als Verwalterin der Schrebergartenkolonie versteht und ihre Aufgaben vor allem darin sieht, bei Grenzstreitigkeiten zu richten und das ‚Ganze' im Blick zu halten" (Homann/Suchanek zitiert nach Erath 2006, S. 34.)

Als problematisch sieht Erath hierbei, dass die Ergebnisse der unterschiedlichen Wissenschaften oft nicht zusammenpassen, „da sie mit unterschiedlichen Methoden und aus unterschiedlichen Perspektiven heraus gewonnen wurden". (Erath 2006, S. 34)

Auch ein Konkurrieren zwischen den Wissenschaften, ihren Theorien und Modellen etc. sei aus dieser Sichtweise nicht vorgesehen und das enorme Wachstum der Zahlen wissenschaftlicher Disziplinen seien mit diesem Modell nicht mehr erklärbar. (vgl. Erath 2006, S. 34)

4.2 Das Modell des Flickenteppichs (Erath 2006, S. 34)

„Interdisziplinarität bedeutet in diesem Modell, dass der jeweilige Forscher die Resultate verschiedener Wissenschaften derart zusammensetzt, dass sich ein möglichst kohärentes, widerspruchsfreies Gesamtbild für die Erklärung von Phänomenen ergibt." (Homann/Suchanek 2000, S. 446)

Bei dieser Methode, so Erath, ist kennzeichnend, dass die Zusammensetzung der verschiedenen Resultate keiner ausgewiesenen oder reflektierten Methode mehr folgt. (vgl. Erath 2006, S. 34)

Homann und Suchanek gehen davon aus, dass es häufig zur „Spielart des" (Erath 2006, S. 34) „unreklektierten, unsystematischen, eklektizistischen Zusammenflickens verschiedener Erkenntnisse aus Wissenschaft und Alltag" komme. (Homann/Suchanek 2000 zitiert nach Erath 2006, S. 34)

Als Beispiel führt Erath das Wort „Sozialmanagement" an, ein Wortmix aus sozialem und ökonomischem Vokabular, der missverständlich bleibe, weil der Eindruck entstünde, dass es sich hier um eine besonders „soziale" Form des Managens handele. Nach Erath wird hier etwas zusammengefügt, was nicht zusammen passt, für ihn bleibt die klare disziplinäre Einordnung auf der Strecke und somit auch die Verständlichkeit und Nachvollziehbarkeit.

4.3 Das Modell des erweiterten Restriktionensets (Erath 2006, S. 35/36)

- Nach Erath sollte die durch die Soziologie festgestellte „Ausdifferenzierung der Gesellschaft" sich als Einschränkung in Rechnung stellen, da sie das sozialarbeitswissenschaftliche Erklären und Handeln erschwere, da z.B. „allgemeine, systemübergreifende Orientierungen nicht mehr vorausgesetzt werden können." (Erath 2006, S. 35)

- Erath sieht „die durch die Pädagogik diskutierten Grenzen der „Bildsamkeit und Bestimmung" einzelner Personen als Restriktionen des Handelns mit Behinderten, Psychisch Kranken, Demenzkranken etc" als Einschränkungen an, die zur Kenntnis zu nehmen- und methodisch in Rechnung zu stellen sind. Hier sei es die Aufgabe der Sozialarbeit Alternativen zu entwickeln. (Erath 2006, S. 35)

- Nach Erath sind „die von der Psychologie entwickelten lern- und verhaltenstherapeutischen Theorien zur Kenntnis (zu) nehmen, um zu erkennen, dass Hilfeprozesse hochkomplex sind und daher den biografischen Erlebnissen der Klientel gegenüber sensibel bleiben müssen. (Erath 2006, S. 35)

- Nach Mols, Lauth und Wagner sind die von der Politikwissenschaft formulierten Bedingungen und Einschränkungen für die Beeinflussung von Macht- und Herrschaftsverhältnissen, für die Gestaltung von Ordnung im Zusammenleben und die Zuweisung von Werten durch Autoritäten zur Kenntnis zu nehmen. (Mols/Lauth/Wagner 2003 zitiert nach Erath S. 35) Man dürfe nicht annehmen, dass sich politische Veränderungen nur durch selbstloses Wollen oder technisches Handeln durchsetzen lassen. (vgl. Erath 2006, S. 35)

- Des Weiteren betrachtet Erath die durch die Ökonomik formulierte Einsicht als Restriktion, dass die Menschen immer zu ihrem eigenen Vorteil handeln, was im Hilfeprozess beachtet werden sollte. Diese Einsicht wirke sich auf den Ebenen der Organisation, der Professionalisierung und der Steuerung aus. (Erath 2006, S. 35)

- Die ökonomischen Theorien über die „Knappheit der Mittel", der „Vorteils- und Nachteilskalkulation" etc. sieht Erath als weitere Restriktionen für die Sozialarbeitswissenschaft. Sie sollten, so Erath, bei der Konstruktion von Intervention Berücksichtigung finden. (Erath 2006, S. 35)

- Zuletzt sollte nach Erath die Sozialarbeitswissenschaft die Grenzen ihrer Handlungstheorien erkennen, die sich für sie aus den rechtswissenschaftlichen Normen ergeben, „die die „Freiheit des einzelnen um der Freiheit der anderen Willen" (Erath 2006, S. 36) einschränken, wie das Gebot der Gleichbehandlung, der Nichtdiskriminierung etc. (Erath 2006, S. 36)

Homann und Suchanek sehen die Sichtweise des Modells des „Erweiterten Restriktionensets" als besonders geeignet an, da es den einzelnen Disziplinen erlaubt, die Resultate der anderen Disziplinen konstruktiv zu übernehmen genauso wie die „unterschiedlichen Problemstellungen der wachsenden Zahl an Wissenschaften zu akzeptieren und sich vor einer unreflektierten Übernahme von Alltagsplausibilitäten zu schützen". (Erath 2006, S. 36)

4.4. Zusammenfassung der 4. These

Im Modell der „Schrebergartenkolonie" werden die Ergebnisse der einzelnen Wissenschaften miteinander ausgetauscht, so dass alle dadurch einen Erkenntnisgewinn erhalten. Im Modell des „Flickenteppichs" werden die Resultate der Wissenschaften möglichst zusammenhängend und widerspruchsfrei zusammengesetzt. Bei dem „Erweiterten Restriktionenset" wird beschrieben, inwiefern die Bezugsdisziplinen behindernd oder einschränkend sind. Homann und Suchanek sehen dieses Modell als besonders geeignet an, weil die übernommenen Resultate bei diesem Modell hinterfragt werden, weil es die wachsende Zahl der Wissenschaften akzeptiere und dieses Modell vor einer unreflektierten Übernahme von Alltagsplausibilitäten schütze. (vgl. Erath 2006, S. 36)

5. Gesamtfazit

Peter Erath versucht in dem ersten Kapitel seines Buches „Sozialarbeitswissenschaft – Eine Einführung" die Begründung der Sozialarbeitswissenschaft darzulegen. Er unterteilt das Kapitel in neun Unterpunkte.

Bereits im ersten Satz der Einleitung übernimmt Erath Thesen und Ansichten des schwedischen Sozialarbeitswissenschaftlers Haluk Soydans und des transdisziplinären Sozialwissenschaftlers Niklas Luhmanns, beginnend mit der Argumentation Soydans, die Sozialarbeitswissenschaft sei eine „autonome Disziplin". (vgl. Erath 2006, S. 20) Er versucht darzulegen, dass die „Sozialarbeitswissenschaft als eine Wissenschaftsdisziplin zu konstruieren ist, die sich insbesondere gegenüber der Soziologie, der Psychologie, der Politikwissenschaft und der Sozialpädagogik sowohl abgrenzt, als auch strukturell verbunden erweist." (Erath 2006, S. 20)

Die strukturellen Verbindungen stellt Peter Erath anhand von Zitaten seiner Kollegen treffend dar. Argumentationsschwach hingegen sind die Versuche anhand von bereits Geschriebenem, die Abgrenzungen der Sozialarbeitswissenschaft gegenüber anderen Wissenschaften aufzuzeigen.

Erath zitiert im Kapitel 1.4. Homann und Suchanek, dass es im Modell des Flickenteppichs zu einem „unreflektierten, unsystematischen, eklektizistischen Zusammenflickens verschiedener Erkenntnisse aus Wissenschaft und Alltag" (Homann/Suchanik zitiert

15

nach Erath S. 34) käme. Obwohl Erath dieses Modell vorzüglich beherrscht, betont er, dass Homann und Suchanek das Modell des „Erweiterten Restriktionensets" (Erath 2006, S. 35) für das plausibelste Konzept halten. Erath verwendet und zitiert in seinem Buch aus 257 verschiedenen Veröffentlichungen, im ersten Kapitel zitiert er von 14 Autoren aus elf verschiedenen Fachbereichen, verwendet ihre Theorien und Modelle. Die wiedergegebenen Autoren absolvierten Studien in Erziehungswissenschaften, Germanistik, Geschichte, Pädagogik, Philologie, Philosophie, Politikwissenschaften, Psychologie, Soziologie, Theologie und Volkswirtschaft. Spätestens hier stellen sich die Fragen nach dem eigenen Handlungsgegenstand der Sozialarbeitswissenschaft und, ob die wissenschaftliche Disziplin nicht etwa von innen her krankt. „Eine neue Disziplin Sozialarbeitswissenschaft muss sich folglich aus dem Wissenschaftssystem heraus entwickeln (lassen), von außen können nur Anregungen z. B. in Form von „Irritationen" an das System „heran" getragen, nicht aber „hinein" getragen werden." (Erath 2006, S. 21)

Dennoch bedient sich Erath hemmungslos an den Theorien der wirtschaftswissenschaftlichen Kollegen Homann und Suchanek. Kann so ein Eindringen anderer Wissenschaften in die Sozialarbeitswissenschaft, insbesondere eine drohende Vereinbarung, verhindert werden? Können in einem Kolonialwarenladen eigene Waren platziert werden?

Erath bewegt sich auf sehr dünnem Eis zwischen einer selbst verschuldeten Kolonialisierung und dem notwenigen Zurückgreifen auf bewährte Theorien und Modelle anderer Wissenschaften. Er misst bezüglich der Praxis mit zweierlei Maß, spricht von einer Manageralisierung in der Praxis der Sozialarbeitswissenschaft, lässt aber nach eigenem Ermessen die Theorien der Wirtschaftswissenschaften zu, insofern sie als Erklärungsmodelle dienen.

Des Weiteren trägt Erath der Tatsache, dass die Disziplin der Sozialarbeitswissenschaft eine Disziplin ist, die aus der Praxis entstanden ist, keinerlei Rechnung. Die krampfhafte Suche nach Theorien zu der bestehenden Praxis verstellt den Blick für neue Wege, der Entwicklung von eigenen Theorien oder Metatheorien für die Sozialarbeitswissenschaft. Erath stellt die ständige Tätigkeitserweiterung als eine Bedrohung dar, als „Kolonialisierung" durch die Bezugsdisziplinen oder andere Wissenschaften. Voraussetzung zur Vereinnahmung der Sozialarbeitswissenschaft ist, dass diese sich auch vereinnahmen lässt. Eine weitere Voraussetzung ist das Unterordnen unter eine Herrschaft, in diesem Fall die Wirtschaftswissenschaften. Alleine diese Möglichkeit zeigt, dass es die Sozialarbeitswissenschaft aus Erath's Sicht nicht geschafft hat ein stabiles System aufzubauen, dass sich selber „regiert". Eine mögliche Rückfolgerung wäre der Schluss, dass die Sozialarbeitswissenschat „ihren „vorparadigmatischen" Zustand" (Papenkort/Rath zitieren nach Erath 2006, S. 26) noch immer nicht beendet hat.

So sehr Erath das Gedankengut anderer Wissenschaftler und Theorien mit in seine Arbeit einfließen ließ, so nimmt er doch das Wort „Sozialmanagement" als Beispiel für das unreflektierte, unsystematische, eklektizistische Zusammenflicken von verschiedenen Erkenntnissen. Er schreibt: „...-zumindest solange es keine dezidierten theoretischen Begründer und Vertreter dieses Begriffs gibt -." (Erath 2006, S. 34/35) Dennoch erarbeiteten Kollegen, Professoren des Fachbereichs der Sozialen Arbeit eine Theorie des Sozialmanagements. Das Wort Sozialmanagement IST ein Wortmix aus Wirtschafts- und Sozialvokabular, wovon Erath befürchtet, dass es nicht zusammenpassen könnte. Ähnliche Befürchtungen äußert er bei der Bezugsdisziplin Politikwissenschaft: „Gefahr der Funktionalisierung." (Erath 2006, S. 32) Möglicherweise befürchtet Erath das Eindringen der Wirtschaftswissenschaften in die Soziale Arbeit, oder eine „Manageralisisierung" nach Einführung von Marktkriterien in die Praxis der Sozialen Arbeit.

Vertreter wie Prof. Dr. Herbert Schubert *(Professor für Soziologie und Sozialmanagement am Fachbereich Sozialpädagogik der Fachhochschule Köln)* und Prof. Dr. Joachim Merchel *(Professor für das Fach „Verwaltung und Organisation" bzw. „Organisation und Management" an der Fachhochschule Münster, Fachbereich Sozialwesen)* möchten mit dem Masterstudiengang „Sozialmanagement" die „bisher gewohnten sozialwissenschaftlichen Betrachtungsweisen zur Sozialen Arbeit" mit „verschiedenen Perspektiven *(u.a. aus dem Bereich der Ökonomie bzw. der Betriebswirtschaftlichen Steuerung)"* ergänzen. (https://www.fh-muenster.de/master-sozialmanagement/studienkonzept.php?p=2)

Auf der anderen Seite erscheint Erath „die Wahrnehmung und der Einbezug ökonomischer Aspekte durch die Sozialarbeitswissenschaft natürlich auf Dauer unabdingbar." (Erath 2006, S. 34)

Erath versucht die Autonomie der Sozialarbeitswissenschaft hervorzuheben, stellt aber gleichzeitig symbiotische Verbindungen zu den Bezugsdisziplinen Politikwissenschaft, Psychologie, Soziologie und Sozialpädagogik dar, wie z.B. die methodologische Verbindung zur Bezugsdisziplin Sozialpädagogik. (vgl. Erath 2006, S. 31)

Quellenangaben

DEUTSCHER BUNDESTAG. (Hrg.) (1998): Grundgesetz für die Bundesrepublik Deutschland. Textausgabe. Referat für Öffentlichkeitsarbeit, Bonn. Berlin: Elnerdruck.

ERATH, Peter (2006): Sozialarbeitswissenschaft. Eine Einführung. Stuttgart: Kohlhammer. S. 13-37

FACHHOCHSCHULE MÜNSTER: Studienkonzept zum Masterstudiengang Sozialmanagement. Online - Verfügbar unter: https://www.fh-muenster.de/master-sozialmanagement/studienkonzept.php?p=2) (03.01.2008)

MÜNTEFERING, Franz: Bundesminister für Soziales und Arbeit:
Online - Verfügbar unter:
(http://www.bmas.de/coremedia/generator/1040/property=pdf/soziale__sicherung__g esamt.pdf, 1.1.2007) (03.01.2008)